Goldilocks

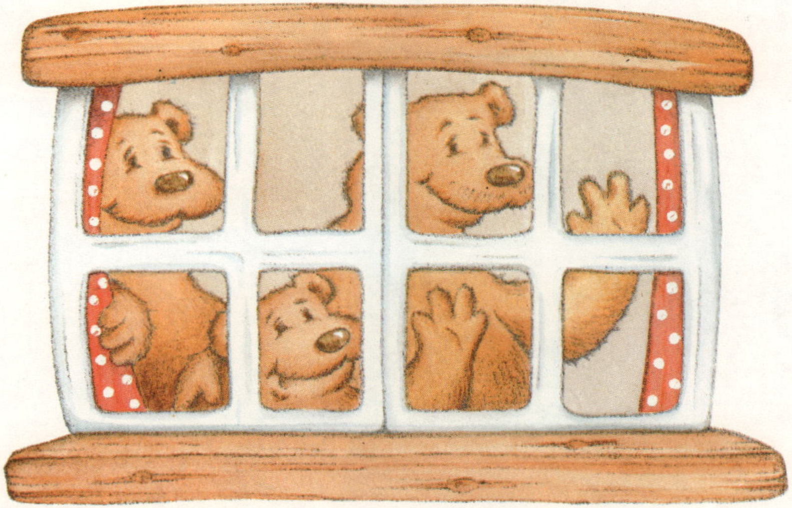

By Maggie Moore
Illustrated by Wendy Sinclair

Collins *Educational*
An imprint of HarperCollins *Publishers*

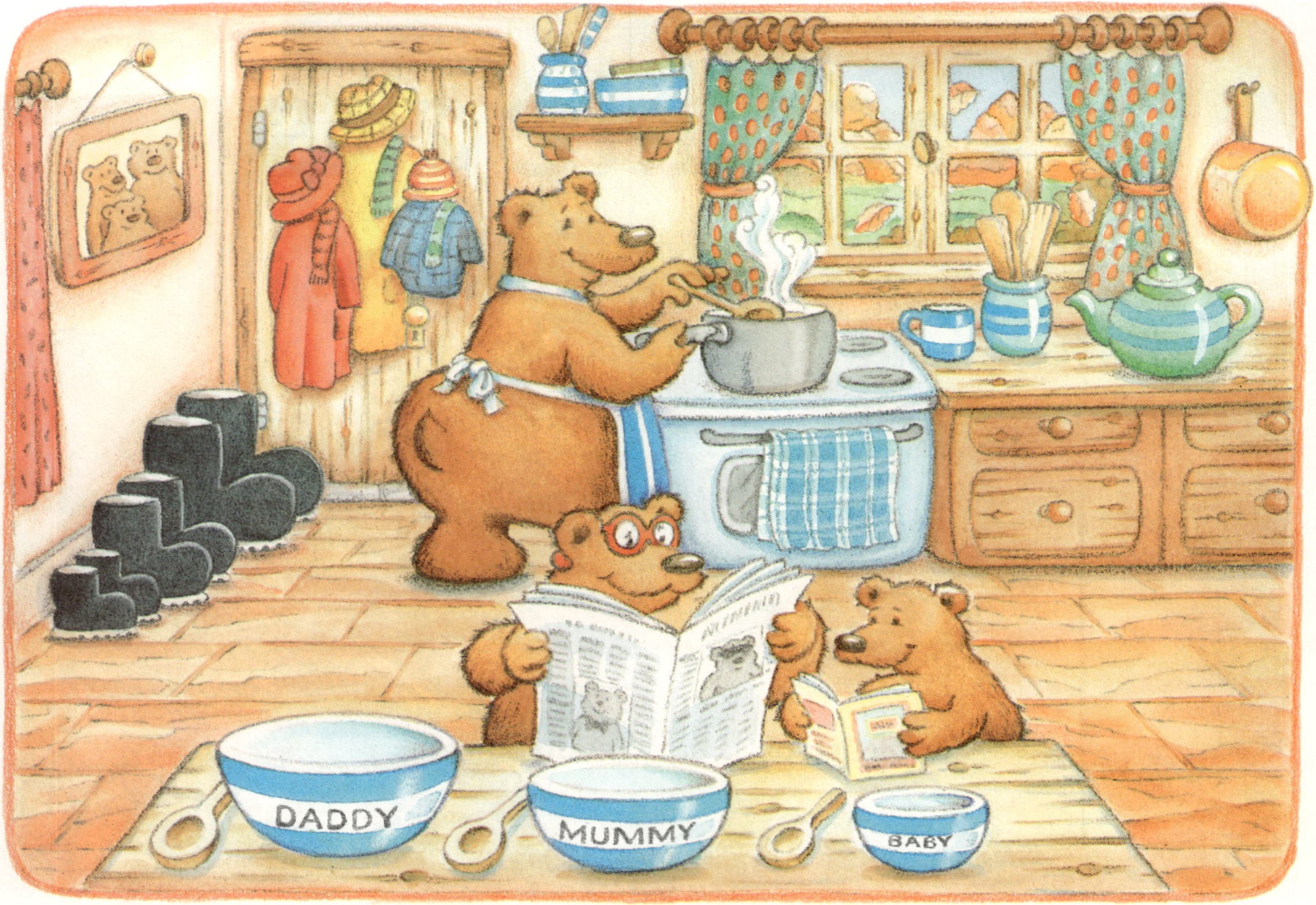
DADDY
MUMMY
BABY

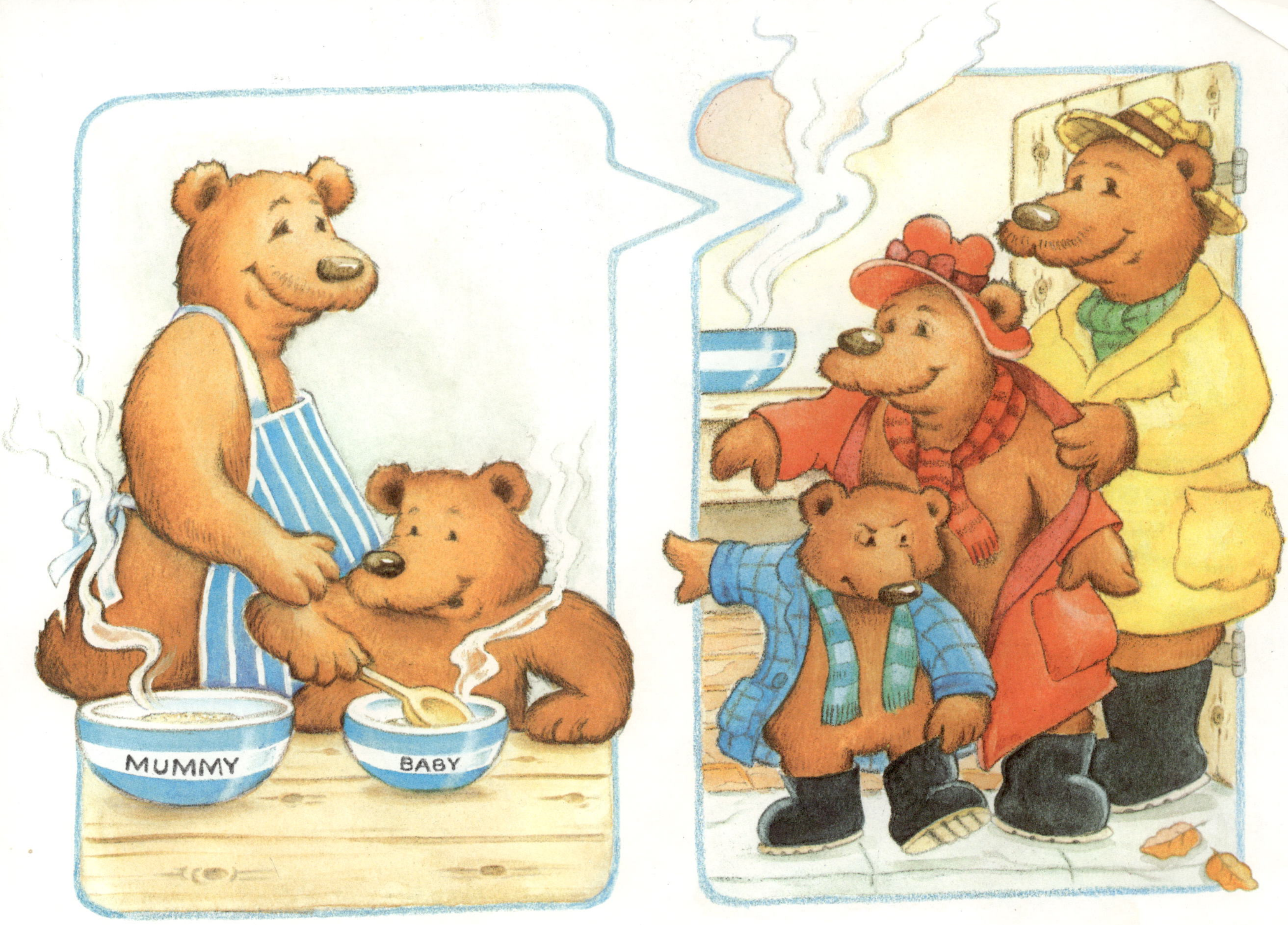
MUMMY
BABY

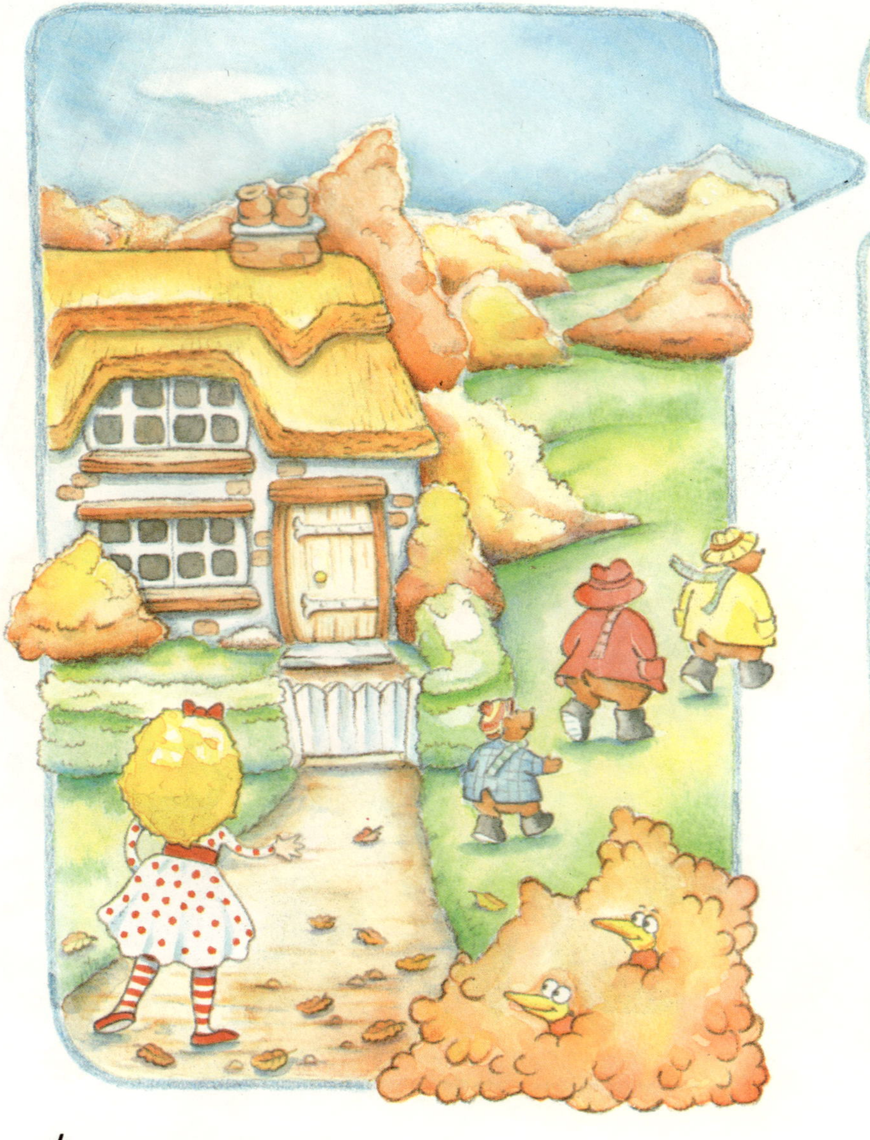

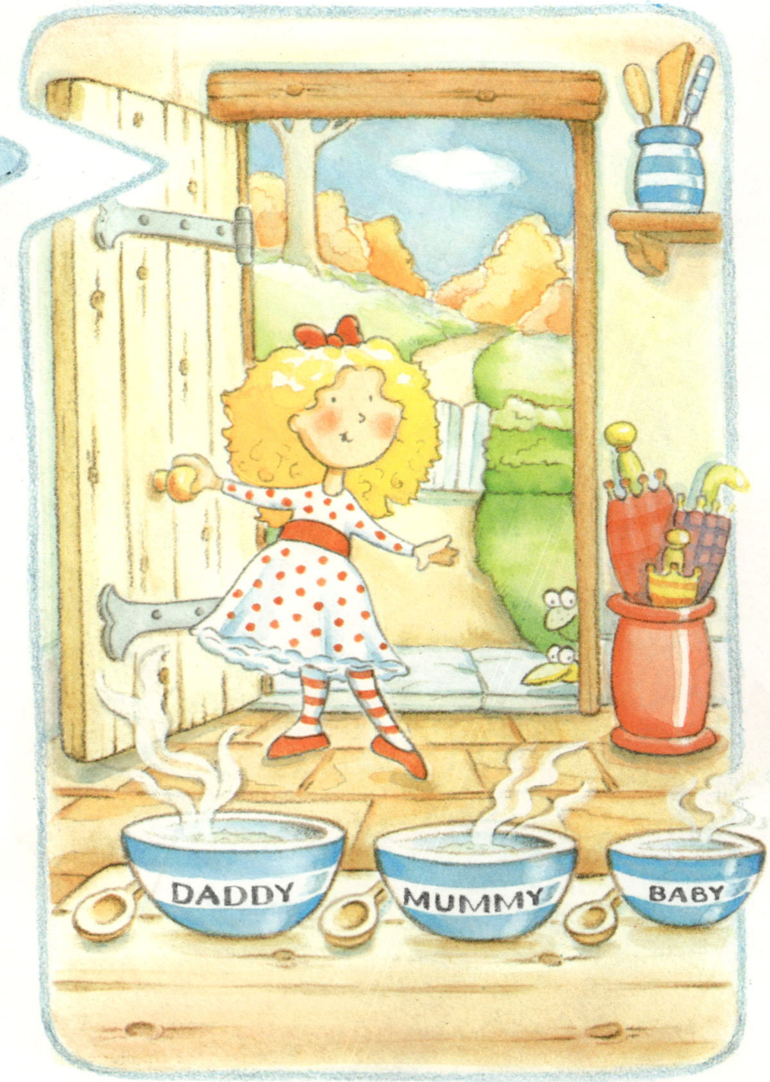
DADDY
MUMMY
BABY

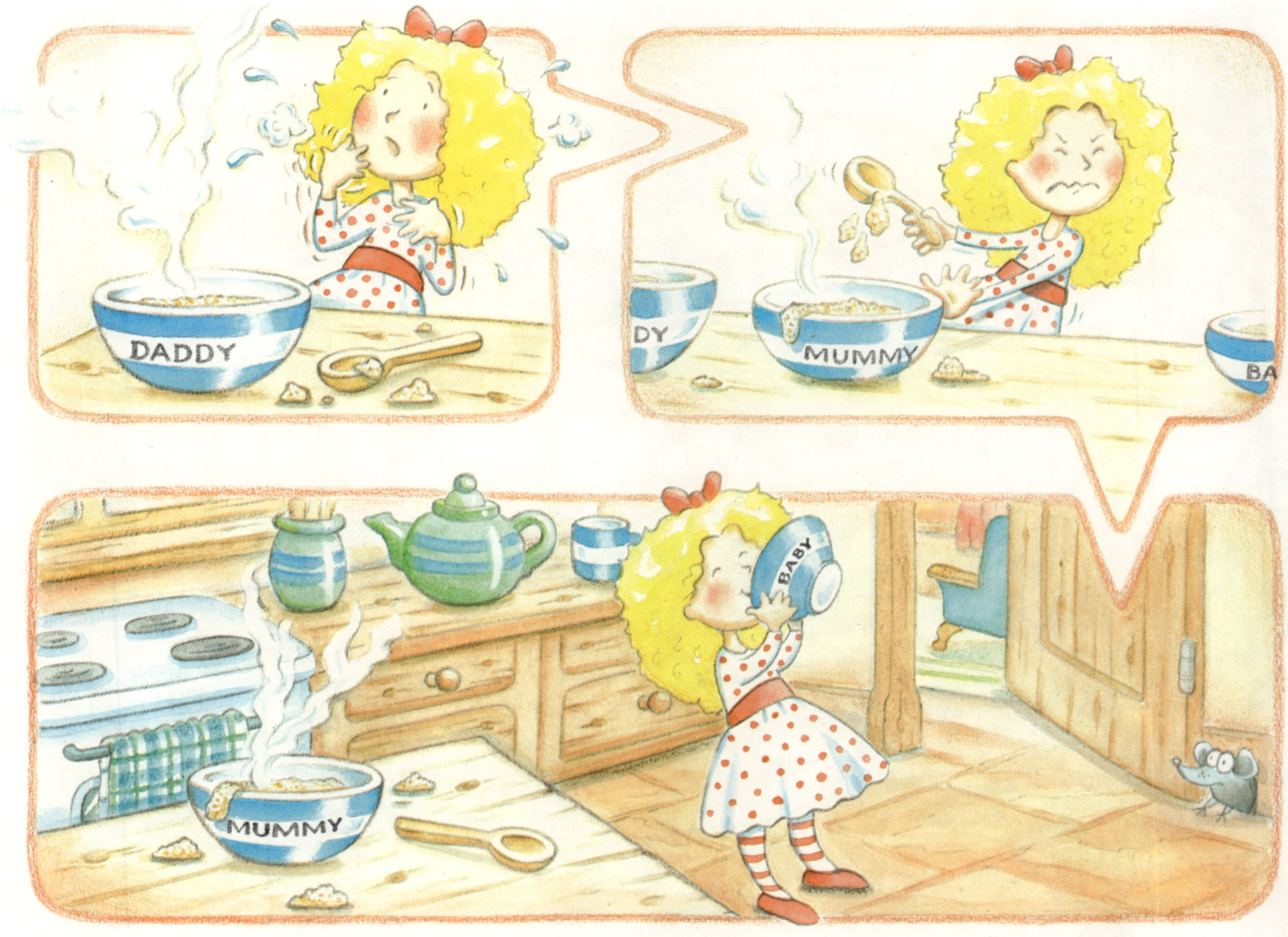
DADDY
MUMMY
BABY
MUMMY

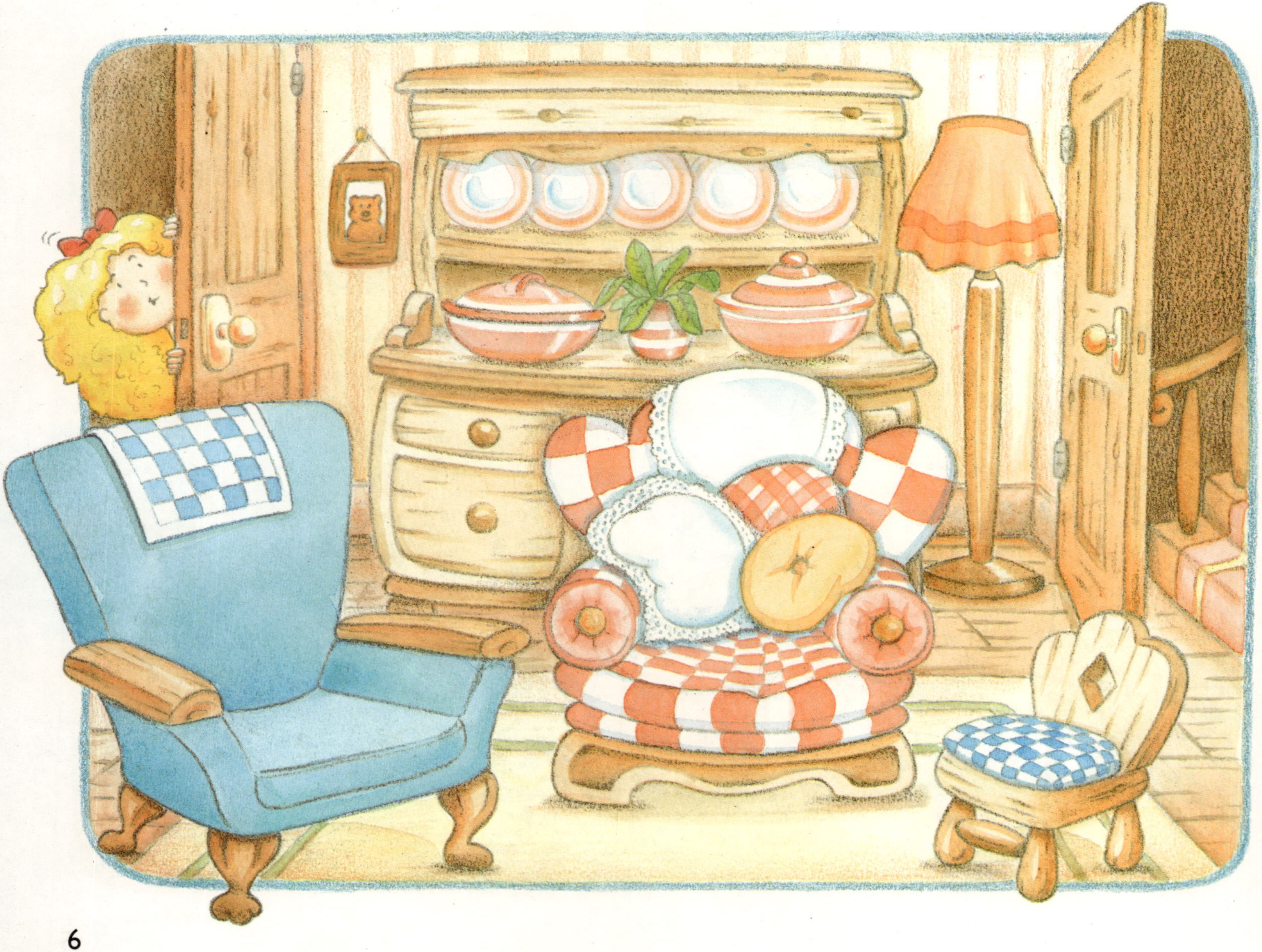

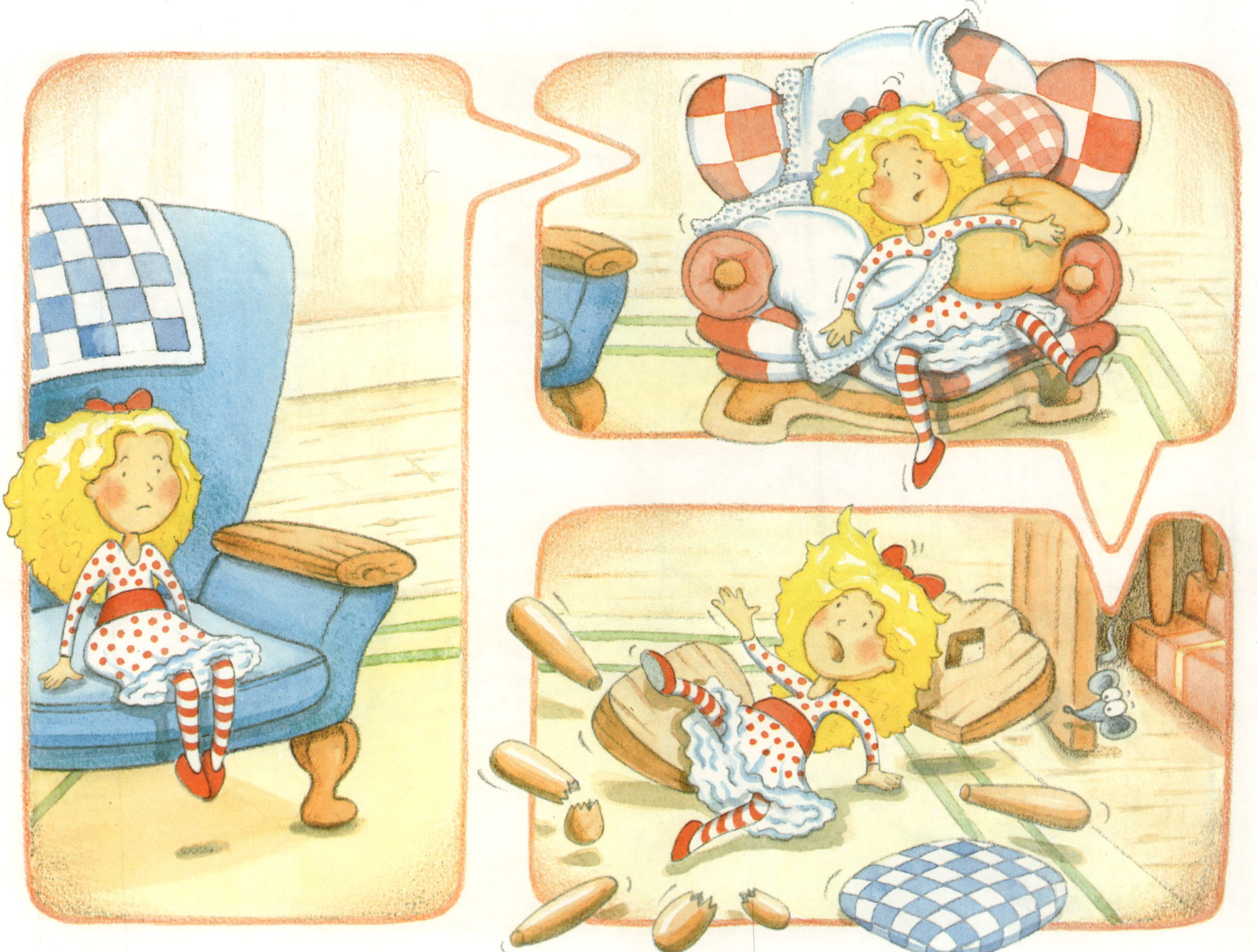

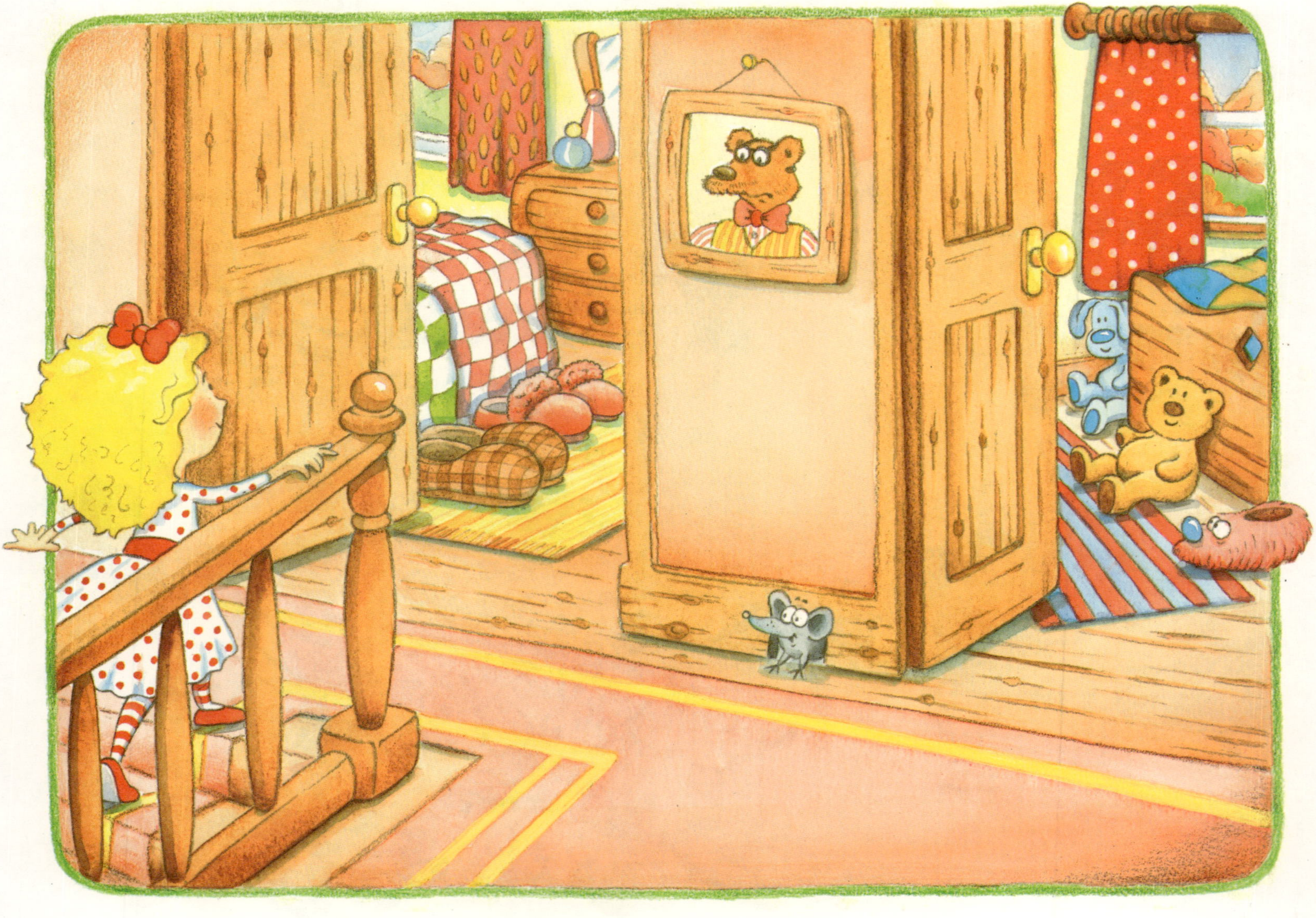

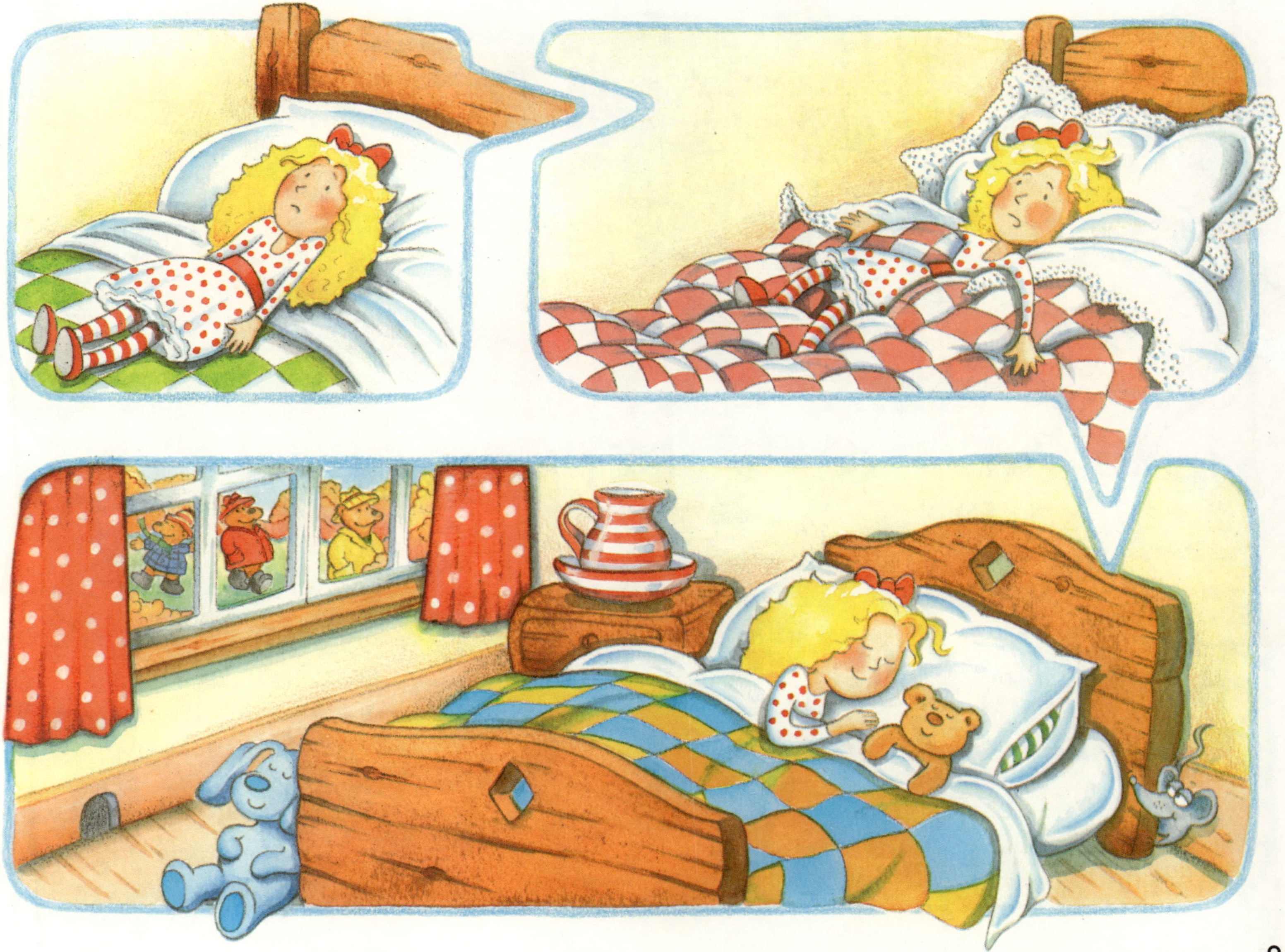

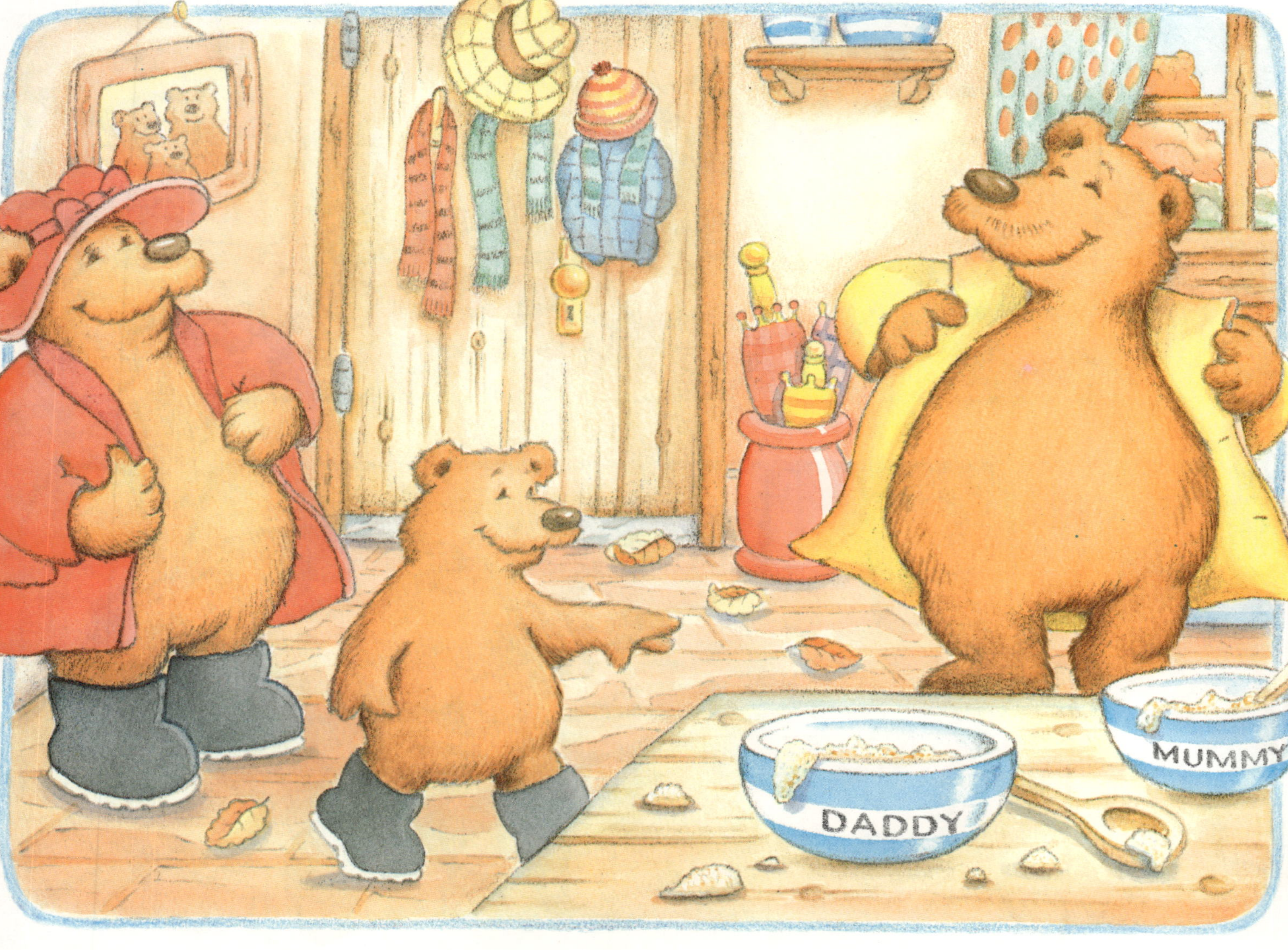
MUMMY
DADDY

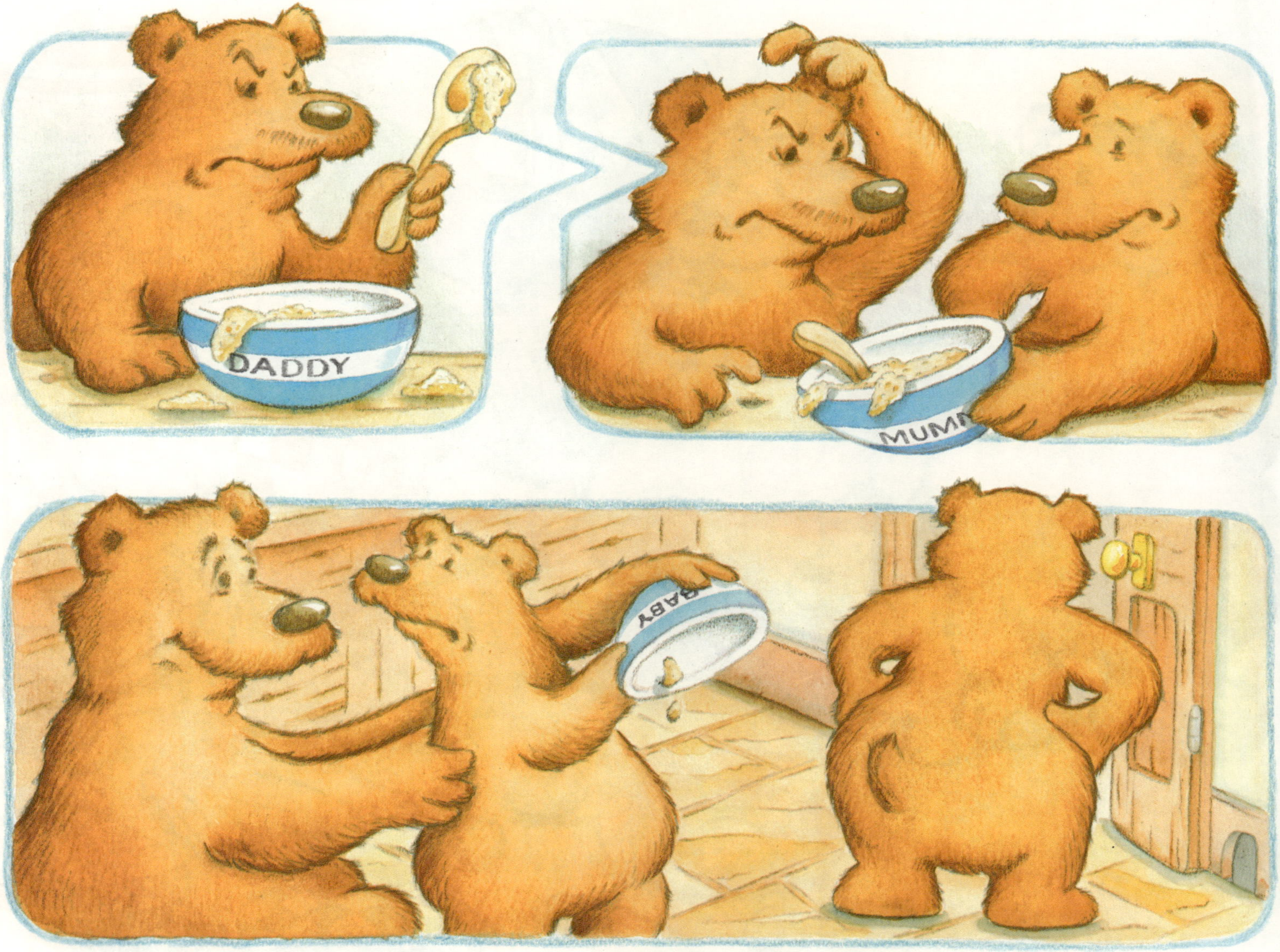
DADDY

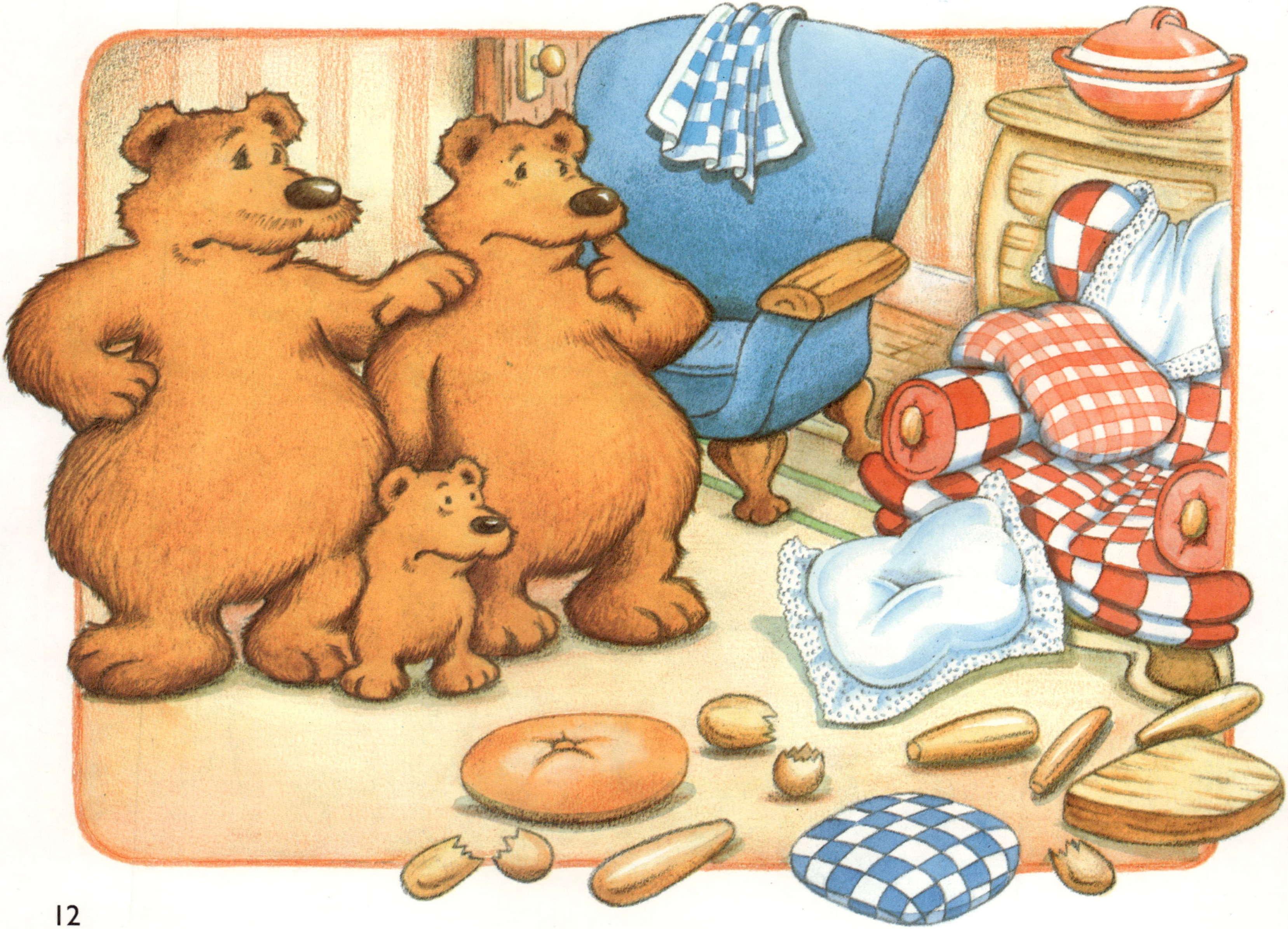

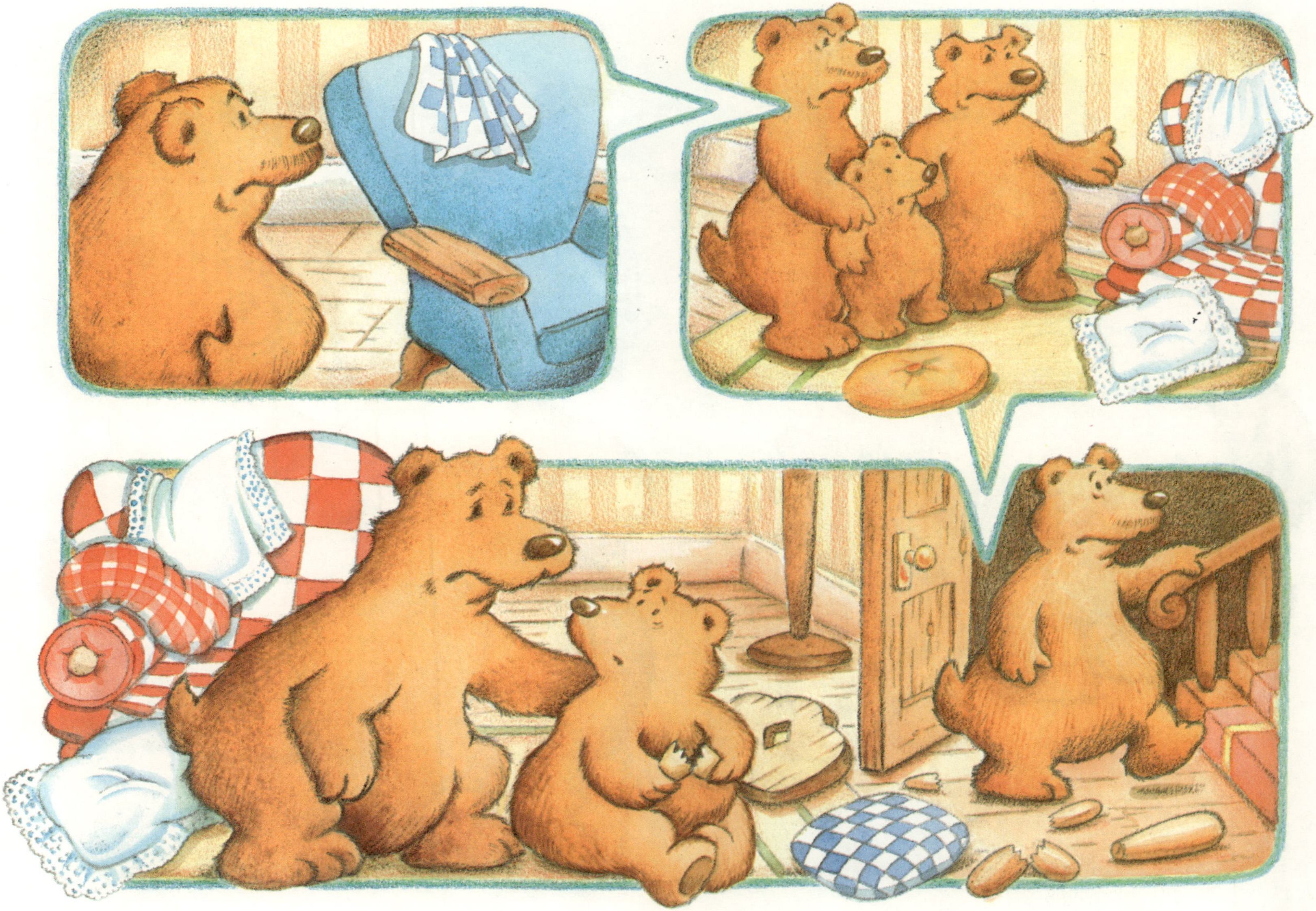

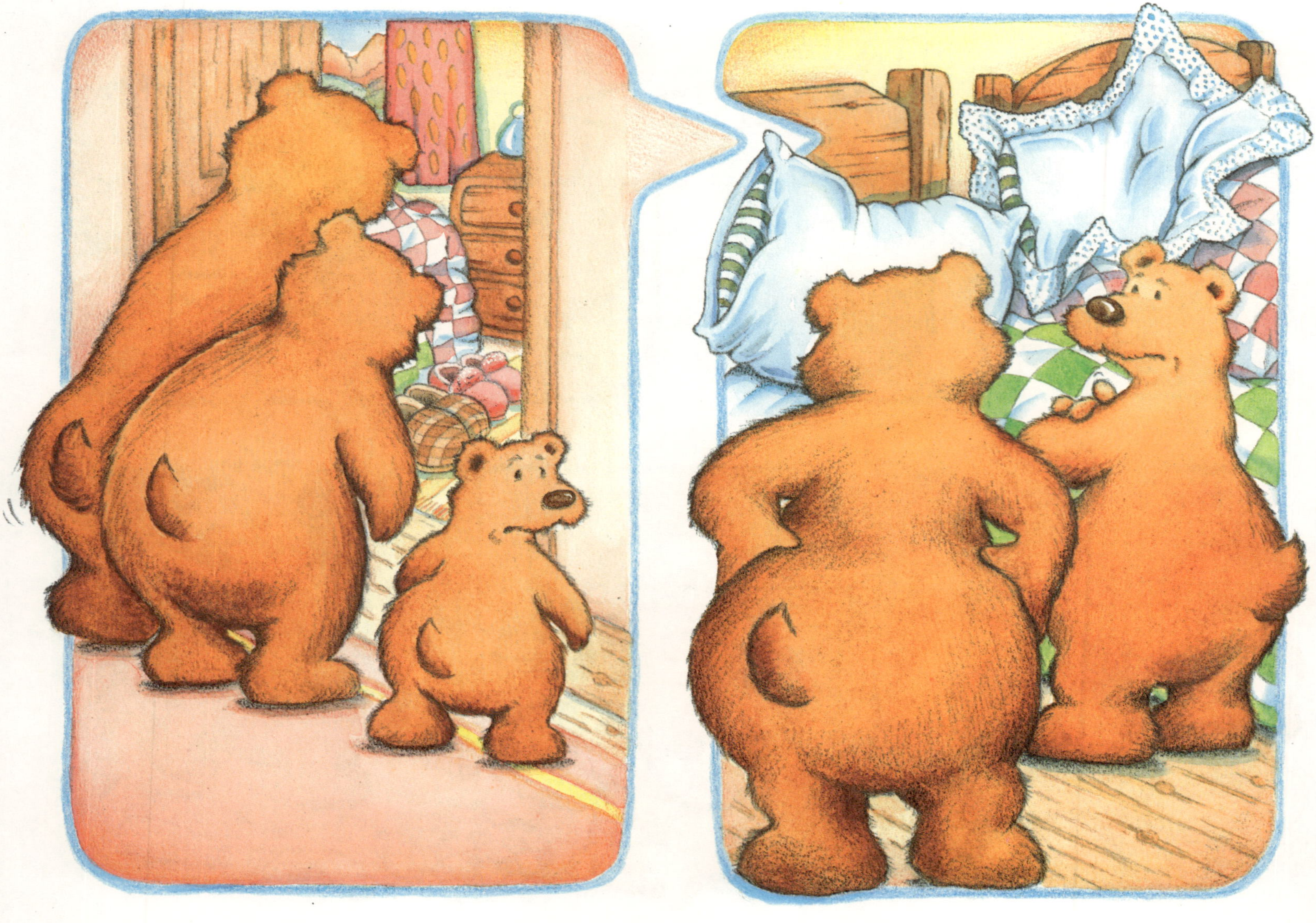

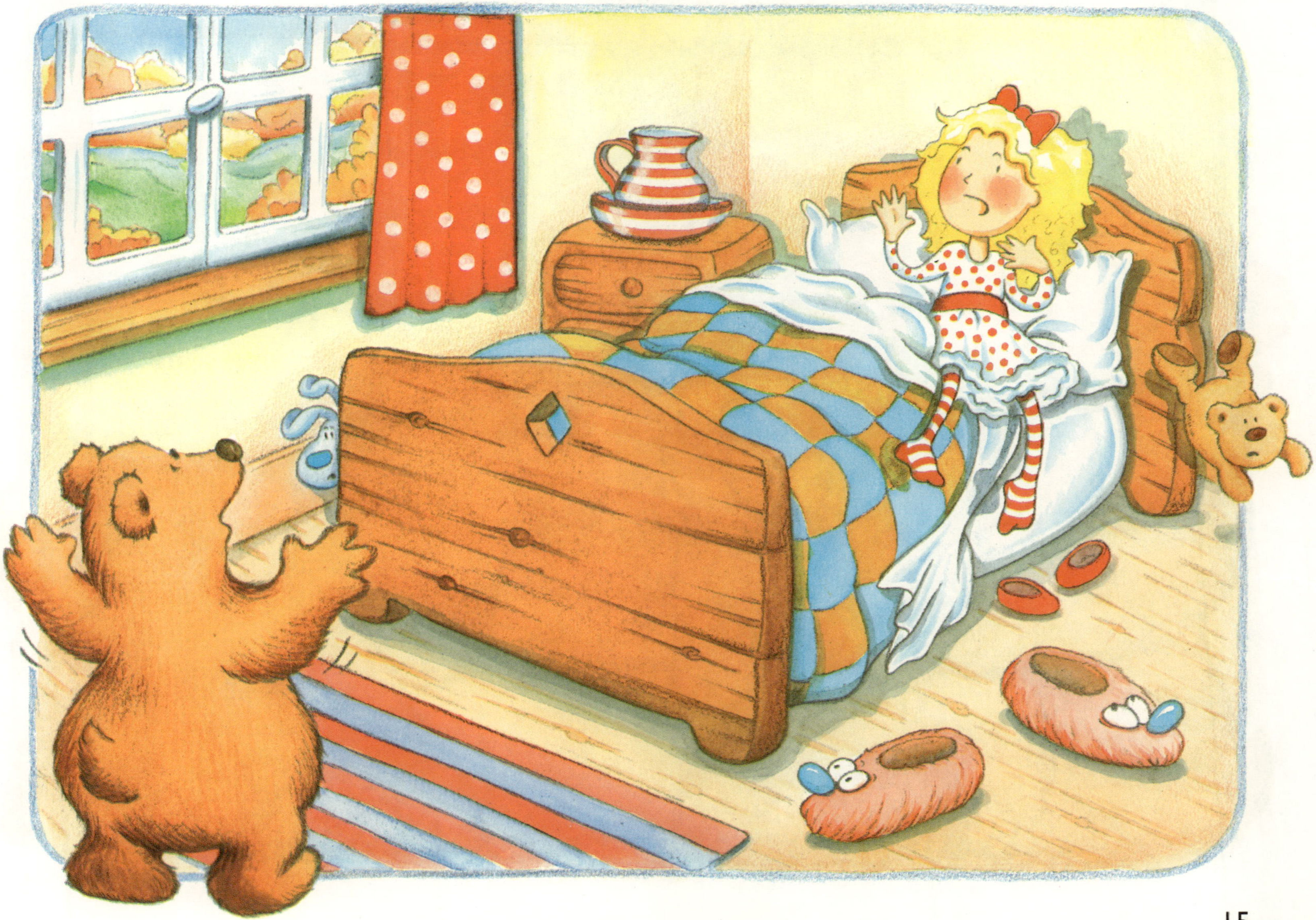

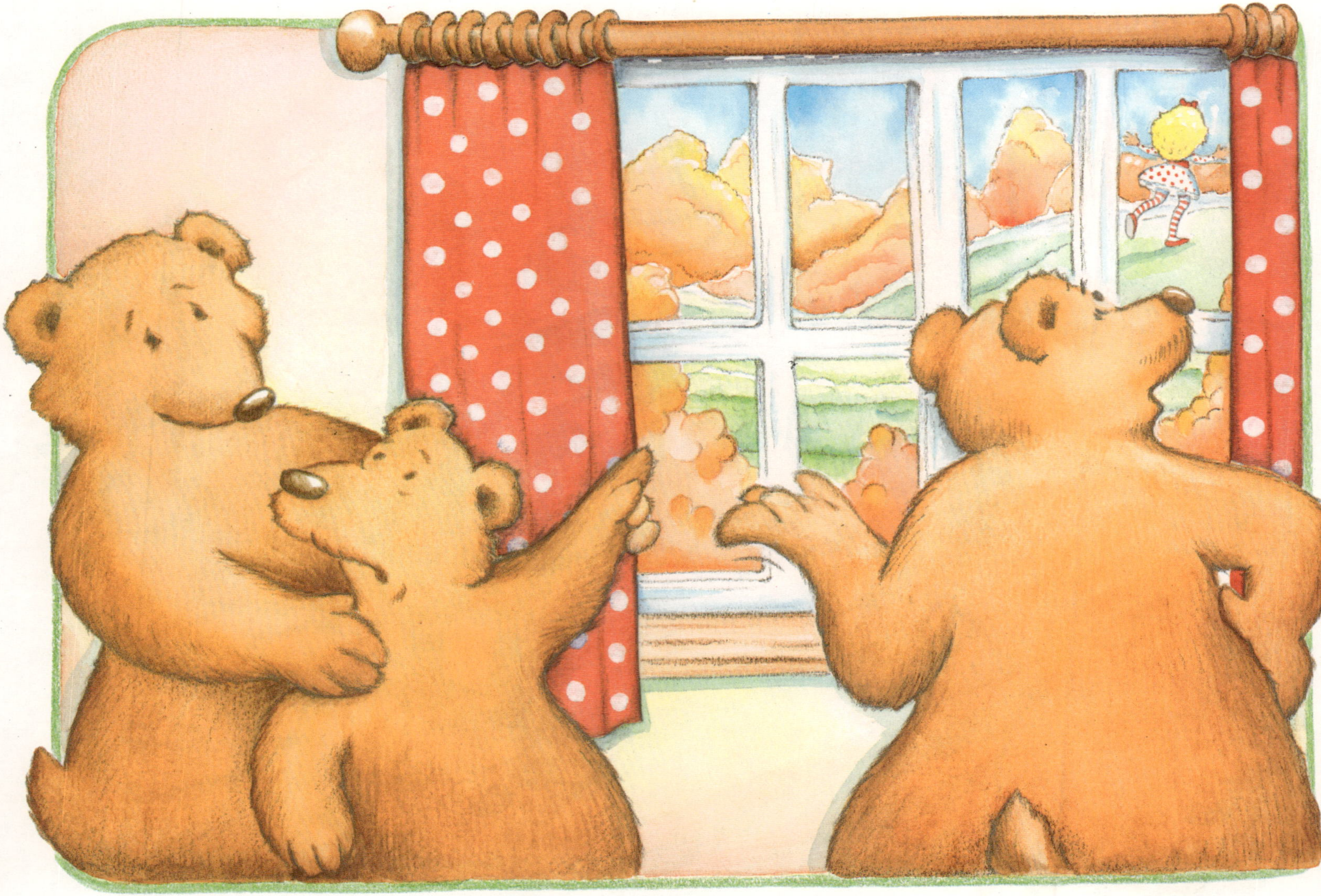